图书在版编目（CIP）数据

全科知识点大爆炸. 生物知识点大爆炸 / 李骁主编；聪聪老师著；任梦绘. -- 北京：电子工业出版社，2021.8

ISBN 978-7-121-41142-7

Ⅰ. ①全… Ⅱ. ①李… ②聪… ③任… Ⅲ. ①科学知识 – 少儿读物②生物学 – 少儿读物 Ⅳ. ①Z228.1②Q-49

中国版本图书馆CIP数据核字(2021)第087476号

责任编辑： 季　萌

印　　刷： 中煤（北京）印务有限公司

装　　订： 中煤（北京）印务有限公司

出版发行： 电子工业出版社
　　　　　 北京市海淀区万寿路173信箱 邮编：100036

开　　本： 889×1194 1/20 印张：20 字数：384千字

版　　次： 2021年8月第1版

印　　次： 2024年5月第3次印刷

定　　价： 188.00元（全8册）

凡所购买电子工业出版社图书有缺损问题，请向购买书店调换。若书店售缺，请与本社发行部联系，联系及邮购电话：（010）88254888，88258888。

质量投诉请发邮件至zlts@phei.com.cn，盗版侵权举报请发邮件至dbqq@phei.com.cn。

本书咨询联系方式：（010）88254161转1860，jimeng@phei.com.cn。

生物知识点大爆炸

全科
知识点
大爆炸
·生物·

李骁 / 主编

聪聪老师 / 著

任梦 / 绘

电子工业出版社

Publishing House of Electronics Industry

北京·BEIJING

目录

第一章

生物与生物圈

第二章

生命的根基——细胞

　　中国教育现状目前遇到的一大问题就是内卷——孩子们通过上补习班，提前学习高年级的知识，从而成为别人口中的学霸。这种情况早已不是秘密。如果你不提前起跑，很有可能在后面就会被落下。而另一个现状就是，大家都去补习了，可上大学的名额并没有变，大家的起跑线是一样的，却也因此都失去了宝贵的童年。

　　从儿童大脑发育的角度来讲，6~12岁的孩子处在一个认识世界，形成兴趣，放飞思想的阶段，而过量的补习班却在禁锢住孩子们的想象，这种"揠苗助长"的行为，换来的优秀的成绩却是靠拉低孩子们对世界和未来的创造力而换来的。

　　创造力和成绩的矛盾看似不可调和，实际上有两全其美的解决方，那就是兴趣至上。如果能够提前引导孩子们喜欢上学习知识，顺其自然地培养出孩子热爱学习的习惯，这样既不会禁锢住他们未来飞翔的高度，也能让孩子获取优秀的成绩，两全其美。

　　为此，我们请到了各科资深老师、专家、儿童心理发展教育专家和经验丰富的童书编辑，针对6~12岁孩子倾力合著了这套《全科知识点大爆炸》。我们发掘出数学、物理、化学、生物、地理、历史科目中最重要、最具代表性的知识点，力求做到生动有趣，让孩子们提前接触并认识到各科的美妙之处，在他们心里埋下兴趣的种子，等待日后发芽，茁壮成长。后来我们又加入了经济和宇宙的主题，使孩子们平衡发展，在学习客观知识的同时也增加对人类社会性的理解，并且帮助孩子开阔眼界，让他们的思维可以无限延伸。希望在这套书的帮助下，每个孩子都能培养学习兴趣，做掌握全科知识的小达人。

李骁

香港城市大学研究员
中国科学院神经生物学博士

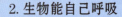

生物与生物圈

第一章

生命是什么？

　　"生命是什么？"这或许是全宇宙最棘手的问题。数千年来，人类一直在思考这个问题。古希腊哲学家亚里士多德是最初想解答这个问题的人之一。他认为生命是能够生长、维持以及繁殖的事物。这的确符合我们通常见到的生物体的特征，比如动物、植物和真菌，但是还有一些不是生命体的事物也符合这个解释，比如火和计算机病毒。至今还没有一个为大多数科学家所接受的关于生命的定义。现在能确定的是，地球已经存在了46亿年，第一个单细胞生物出现在大约35亿年前，从那以后，生命开始变得越来越复杂。不过，我们仍然可以找到生物的一些共性，即生命的基本特征。

生命的基本特征

1. 需要营养

　　生物的一生需要不断从外界获得营养物质，摄入能量，从而维持生存。植物从外界吸收水、无机盐和二氧化碳，通过光合作用制造出自身所需的各种养分。动物则以植物或者别的动物为食，从中获得各种供它们生存的营养物质。

2. 生物能自己呼吸

　　绝大多数的生物吸入氧气，呼出二氧化碳。

3. 生物能排出身体内产生的废物

　　生物体内会不断产生多种废物，并且将这些废物排出去。动物和人通过多种方式排出体内的废物，流汗、喘气、排尿、拉便便等都可将废物排出体外。植物也会产生废物，落叶能带走一部分废物。

4. 生物能对外界作出反应

　　生物能够对来自环境中的各种刺激，比如光、风、热等作出一定的反应。狮子

新陈代谢是生命现象最基本的特征，如果新陈代谢结束了，生命也就结束了。

发现猎物后迅速追击；斑马发现敌害后迅速逃跑；含羞草受到碰触时，展开的叶片会合拢起来。

5. 生物能生长和繁殖

当生物长到一定阶段的时候，就开始繁殖下一代。生物通过繁殖将遗传信息代代相传。大部分雌性哺乳动物，比如狼、虎等，通过怀孕、产仔，繁殖下一代；鸟类、爬行动物和两栖动物，比如青蛙、小鸡等，通过产卵繁殖下一代。植物的繁殖方式就更不一样了，有的利用种子长出新的植株；有的则直接拿自己身体的一部分去"复制"。

6. 生物能有遗传和变异的特征

遗传是物种稳定的基础，变异是产生进化的原材料。生物所具有的多种性状，如身高、血型、发色等传给了子孙后代，这就是遗传。而生物的特征随着环境的改变而改变，这就是进化。

Tips：人类是如何进化的？

300 万年前，人类诞生了。那时的人长得像猿类，靠吃树叶、果实和肉类生活。他们的头骨又大又结实，嘴里还长着锋利的牙齿。那时他们已经学会了把随手找到的石头或木头做成工具使用。随着时间的推移，人类学会了直立行走，人的身体也发生了很大的变化。直立行走解放了双手，人们就可以用手制造出各种各样生活中需要的工具，还用石头和骨头在岩壁上画画，并且学会了耕田和饲养动物，人类文明就此开始。

7. 生物能适应环境，改变环境

枯叶蝶伪装成枯叶的样子来躲避天敌；食蚁兽为了猎食蚂蚁，它的舌头变得又细又长又黏……这都是生物为了更好地生存，在不断适应周围的环境。

9

生命需要哪些物质？

生命所必需的东西其实非常简单：能量、水、住所以及可供生长的空间。高等生物还需要氧气、营养物质以及适宜的温度。

1. 能量

如果没有能量，任何生命都无法存活。地球上最主要的能量来源于太阳。植物及其他一些有机体，可以捕获阳光中的能量，并以此制造养分。植物被植食动物吃掉，植食动物又被肉食动物和杂食动物吃掉，这样，植物的能量便进入了动物的体内。

2. 水

所有的生物在成长中都离不开水。生命的根基——细胞，其大部分组成都是水，水在运输物质进出细胞中发挥了重要的作用。鱼类以及一些水生生物更是无法离开水。只有储存大量水分后，骆驼才能在极度干旱的沙漠中行进。

3. 住所

大多数动物都需要寻找可以栖身的住所，这样才能躲避捕食者以及恶劣的天气，并且繁衍和哺育后代。而植物因为不能自如地运动，所以它们要采取不同的策略来抵御坏天气以及植食动物。

4. 生活空间

所有的生物都需要特定的生活空间。不同的生物所需的空间差距很大。细菌可以在非常微小的地方生存，而东北虎的活动区域可以达到 300 平方千米。

5. 温度

炎热的赤道、寒冷的两极，地球上有着各种各样的气候环境。尽管有的地区气

6. 营养物质

生物都需要依靠营养物质来构建和修复身体组织，发挥细胞功能以及产生能

7. 氧气

所有的动物都需要氧气。植物将二氧化碳转

候严酷，但依然有生命存在。极寒的南极洲是帝企鹅最佳的生存地，即便是酷热的非洲沙漠中也有生物的踪迹。

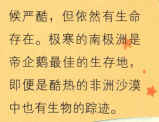

量。动物和人类通过食物获取营养；植物通过根和叶从泥土以及空气中汲取营养；细菌则直接通过细胞膜吸收营养。

所有生物的家——生物圈

地球上所有的生物都有一个共同的家，这就是生物圈。科学家把所有生物及其生存环境称为生物圈。从大气层的下层到海洋中最深的海沟，以及全部陆地表层都属于生物圈。地壳内部是不可能有生物存在的。在地球上，几乎任何地方都有生命的踪迹。生物在生物圈中生存、繁衍，彼此之间相互影响。人类是生物圈中重要的成员。

如果把地球比作一个足球那么大，那么生物圈比一张纸还要薄呢！

化成养分，并向大气层释放氧气。

氧 氧 氧

11

生物圈的范围

  如果以海平面为标准来划分，生物圈向上可到达约 10 千米的高度，向下深入 10 千米左右的深处，这个厚度为 20 千米左右的圈层，包括大气圈的底部、水圈的大部分区域和岩石圈的表面。也就是说，生物圈是各"圈"的集合，各"圈"之间还会互相影响，相互作用。

大气圈：大气圈的空气主要由多种气体组成，如氧气、氮气和二氧化碳等。在大气圈生活的生物，主要是能够飞翔的昆虫和鸟类，还有细菌等微小生物。

水圈：地球上全部海洋和江河湖泊均属于水圈。大多数生物生活在水面下 150 米以内的水层中。

岩石圈：岩石圈是地球表层固体的部分，它的表面大多覆盖着土壤，是一切陆生生物的"立足点"。在这一圈层内，有郁郁葱葱的森林、一望无际的草原、种类繁多的飞禽走兽，以及大量的细菌和真菌。岩石圈也是人类的立足点。

生态系统

  没有生物是完全独自生存的。每个生物的周围总有其他的生命——植物、动物、细菌、真菌，它们还会和空气、水、土壤、阳光相互作用。像这样的生物体集合就叫作群落，再加上这些生物生存的自然环境，就是生态系统。当你置身于一片树林中，高大的树木、纷杂的花草、各种各样的动物、枝叶间透过的阳光，它们之间的关系就像一张无形的大网。一片树林、一块农田、一片草原、一个湖泊，都可以看成一个个生态系统。

生态系统中的各种"角色"

生产者：在生态系统中，植物能够通过光合作用制造有机物，有机物中储存着来自阳光的能量。植物制造的有机物，不仅养活了植物自身，还为动物提供食物，因此它是生态系统中的生产者。

消费者：动物不能制造有机物，它们直接或间接以植物为食。随着动物摄食的过程，它们会摄取食物中的物质和能量，因此动物是生态系统中的消费者。

分解者：树桩上长出的真菌，会将树桩分解成碎片，使坚硬的树桩慢慢腐烂，这个过程中，细菌起主要作用。森林中的落叶也是被大量细菌和真菌分解的。其中有机物被分解成简单的物质，归还给土壤，供植物重新利用。真菌和细菌就是生态系统中的分解者。

生态系统的组成

每个生态系统都是由许多生境组成的，生境是一种或多种物种生存的地区。生境必须能为有机体提供所需的全部资源，否则它们就会去寻找更适合的地方生存。拿一棵树来举例：一棵树能为许多物种提供生境，鸟类、昆虫，以及哺乳动物。鸟类栖息在树枝上，以昆虫为食，在树冠间筑巢养育后代。哺乳动物在树根间打洞，以坚果和种子为食。昆虫咬食树叶，在树上产卵。树依靠鸟类控制害虫，依靠哺乳动物传播种子，而这些生物也通过不同的方式利用树的资源，它们互相影响，彼此依存。

13

生态系统的再循环

　　生态系统的关键作用之一就是能量、水和营养物的再循环。再循环是一个非常重要的过程，如果生命所需的任何物质固定在一个不能利用的形态无法循环，那么生命就会逐渐消亡。再循环的整个过程长则数百万年，短则需要一天。以碳循环为例：植物吸收大气中的二氧化碳，用于光合作用；动物吃掉植物，用碳元素构建自己的身体，还通过呼吸将二氧化碳释放到大气层中；动植物残骸被分解之后，碳元素则重新回到土壤中。

Tips: 关键的碳元素

　　对地球上的生命来说，碳是最重要的元素，是所有生命不可或缺的部分。碳是人体中含量第二多的元素，

排行第一的是氧。碳具有独一无二的特点，可以组成许多不同形态的化学分子。含有碳的化合物被称为有机物。碳水化合物、蛋白质、脂肪和核酸这4种有机物是所有生命不可缺少的。

环境对生物的影响

生物的生存依赖于一定的环境。环境的变化影响着生物的生存。鱼必须生活在水里，离开水一段时间就会死亡；热带植物在温暖的地方生长，移栽到寒冷的地方后，如果不采取保护措施，它们也不能存活。

影响生物生活的环境因素可以分两类。一类是光、温度、水、空气等非生物因素。当环境中的一个或几个因素发生急剧变化时，就会影响生物的生活，甚至导致生物死亡。另一类是生物因素。自然界中的每一种生物，都受到周围其他生物的影响。

生物与生物之间，最常见的是捕食关系，比如棕熊捕食鲑鱼、蛇捕食青蛙；其次有竞争关系，比如稻田里的杂草与水稻争夺阳光、养料和水分；此外还有合作关系。蚂蚁、蜜蜂等都是群居动物，它们成百上千只生活在一起，组成一个大家庭，家庭成员之间各有分工和合作。

生命的根基——细胞

第二章

生物的基础结构——细胞

生命最基础的结构是细胞。细胞是构成生物的最小单位。地球上的生物都是由细胞组成的——最简单的生物体只有一个细胞，而人体则含有亿万个细胞。细胞是生命系统结构的基石，如果没有细胞，就没有神奇的生命乐章，更没有地球上那瑰丽华美的生命画卷。从细胞到生物圈，再到生命系统，它们之间层层相依，又有着各自的组成、结构和功能。

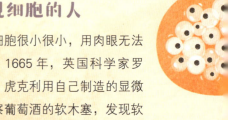

发现细胞的人

细胞很小很小，用肉眼无法看到。1665年，英国科学家罗伯特·虎克利用自己制造的显微镜观察葡萄酒的软木塞，发现软木塞由许多规则的小房子组成。他把观察到的图像画了出来，并把"小房子"叫作"Cell"（细胞），他既是细胞的发现者，也是细胞的命名者。实际上，他看到的只是软木塞里已经死亡的细胞的细胞壁而已。

细胞的样子

生物的种类不同，细胞的样子和大小也不相同。每种生物的细胞各不相同，而且细胞的外形与生物所处的地点也有关。洋葱的表皮细胞像蜂巢一样，呈六边形；植物叶子上的孔边细胞则是两个细胞呈半月形叠在一起组成的；保护我们身体的皮肤细胞则密密麻麻重叠了许多层；负责看、听、闻、尝，以及传递触感的神经细胞则像线一样又细又长。

大部分的细胞非常小，需要用显微镜观察，但有的细胞体积比较大，用肉眼就能看到。青蛙卵和鸡蛋等蛋类，每一个卵或蛋就是一个细胞。世界上最大的蛋要属鸵鸟蛋，它也是最大的细胞。

虽然大象看起来很大，蚂蚁很小，但是它们的细胞大小却基本一样，不同的只是细胞的数量而已。大象的细胞数量要比蚂蚁的细胞数量多很多。

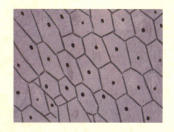

单细胞生物

变形虫、草履虫、硅藻等都是由单个细胞构成的生物，这种生物叫作单细胞生物。它们虽然个头很小，但也是一个个鲜活的生命体，单个细胞内也有各种功能和结构，可以自己移动、进食、生存下去。不要小看它们，它们是地球上最早出现的生物，从远古一直存活到现在。

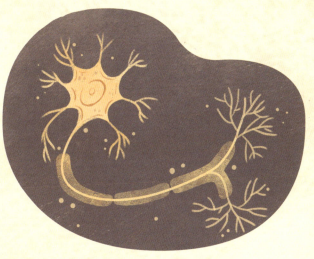

细菌是由一个细胞组成的单细胞生物，它自己不能制造养分，需要寄居在泥土、水、空气、动物或人的体内生活。细菌的生命力非常顽强，能适应其他生物无法生存的各种恶劣环境，比如火山爆发时的滚烫岩浆，或是南极严寒的冰山。也许有一天，地球灭亡了，细菌也不会消失。

细胞主要由细胞膜、细胞核、细胞质这 3 种基本结构构成。

细胞的边界卫士——细胞膜

细胞作为一个基本的生命系统，它的边界就是细胞膜。细胞膜就是紧贴细胞壁内侧的一层薄膜，它将细胞内部和外部环境隔开了，使得细胞有了一个较稳定的内部环境。它能够让有用的物质进入细胞，把其他物质挡在细胞外面，还能把细胞内产生的废物排到细胞外。

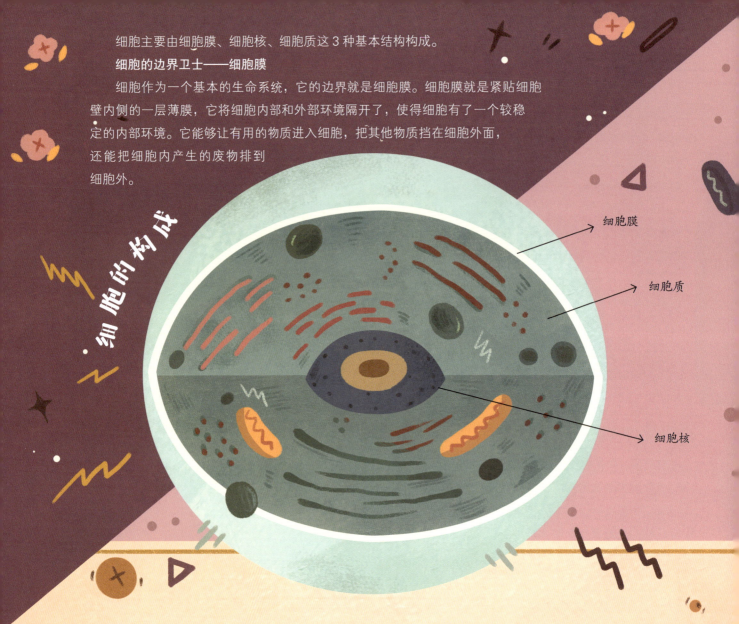

细胞的构成

细胞膜

细胞质

细胞核

细胞的原生质区域——细胞质

细胞质是细胞膜以内、细胞核以外的原生质区域，细胞质里有液泡，液泡内的细胞液中溶解着多种物质。

细胞的调控中心——细胞核

细胞的核心，控制着蛋白质的合成和细胞的生长发育。细胞核是遗传信息库，是细胞新陈代谢和遗传的控制中心。细胞中的蓝图——DNA，就存在于细胞核中。

除此之外，植物细胞的细胞膜外还有一层透明的薄壁——细胞壁，它具有一定的硬度和弹性，起着保护和支持植物细胞的作用。

细胞器之间的分工

　　整个细胞内部就像一间繁忙的工厂，细胞质中间有许多"车间"，如线粒体、叶绿体、高尔基体、核糖体，它们被称为细胞器，都有一定的结构。

　　线粒体：细胞进行有氧呼吸的主要场所，为细胞生命活动提供能量。

　　叶绿体：绿色植物细胞中广泛存在的一种含有叶绿素的质体，它能够捕获日光中的能量，是植物细胞进行光合作用的场所。

　　内质网：细胞内合成和加工蛋白质，以及合成脂质的"车间"。

　　核糖体：细胞内合成蛋白质的主要场所。

　　中心体：位于细胞核附近，是细胞分裂时内部活动的中心。

　　高尔基体：接受从内质网运输来的物质，并把它们送到细胞的其他部分。

线粒体

高尔基体

内质网

核糖体

中心体

叶绿体

Tips：遗传信息是什么？

　　我们的生命始于一个小小的受精卵，一个受精卵慢慢发育成我们现在的身体。受精卵内具有指导身体发育的全部信息，这些信息是由父母传下来的，因而叫作遗传信息。

生物成长的秘密

一颗小小的种子能长成参天大树，一枚鸡蛋能孵化成小鸡，人类从婴儿长大成人，这中间发生了什么变化呢？其实，成长的秘密就在于细胞的生长。也就是说生物体由小到大，是与细胞的生长和分裂分不开的。

新产生的细胞体积都很小，通过不断从周围环境中吸收营养物质，并且转变成组成自身的物质，细胞的

植物体的构成

植物体的生长发育是从受精卵开始的。受精卵经过细胞分裂、分化，形成组织、器官，进而形成植物体。细胞的集合叫作组织，具有类似构造和功能的细胞聚集起来，行使一定的作用。各个组织聚集在一起，表现一定的形态和功能时，我们将其称为器官。植物的六大器官分别是根、茎、叶、花、果实、种子。

体积逐渐增大，这就是细胞的生长。但是细胞不会无限制地长大，一部分细胞长到一定的大小，就会分裂。

细胞分裂时，细胞核先由一个分成两个，随后，细胞质分成两份，每份有一个细胞核，然后形成新的细胞膜。于是，一个细胞就分裂成两个细胞。

动物体的构成

细胞分化形成组织

动物和人体的生长发育也是从受精卵开始的。受精卵通过细胞分裂产生新细胞，除了一小部分细胞仍然保持分裂功能外，大部分细胞在发育过程中具有了不同的功能，它们在形态和结构上也逐渐发生了变化，这个过程叫作细胞的分化。细胞的分化产生了不同的细胞群，每个细胞群都是由形态相似，结构、功能相同的细胞联合在一起形成的，这种细胞群就叫作组织。

组织形成器官

不同的组织根据一定次序聚集在一起，就构成了器官，如神经组织和结缔组织构成了大脑。多个组织在一起构成了心脏、肝脏、胃、肾脏、血管、皮肤等器官。

这些器官共同构成了我们的身体。细胞存活一段时间会死亡，需要有新的细胞来补充，所以动物体的一生需要不停地制造新细胞。

细胞的诞生和死亡

从出生的那一刻开始，构成我们身体的细胞会一直跟随着我们，直到我们死去的那天吗？答案是否定的。构成人体的细胞有着不同的种类和存活时间。细胞的诞生和死亡是一个不断循环的过程。假如细胞膜受损，那么细胞就会死亡。比如不小心把手割伤，那么手指皮肤细胞的细胞膜就会受损，细胞也就随之死亡了。

遍布生物圈的绿色植物

植物是地球上能够自己制造营养成分的生物之一，它们通过光合作用制造"食物"。地球上大约有35万种植物，它们形态各异，遍布于地球的各个角落。如果没有植物，大气层和海洋就不会有足够的氧气，动物也就无法生存。植物是生物的主要形态之一，包含了树木、灌木、藤类、草类、蕨类、地衣及绿藻等。

植物的四大类群

藻类植物：春天气温升高，阳光明媚，水中的藻类植物开始大量繁殖。藻类植物多种多样，有的是单细胞的，有的是多细胞的；有的生活在淡水里，有的生活在海水中。可以这么说，哪里有水，哪里就有藻类。藻类植物大多生活在水中，少数生活在陆地上的阴暗处。

苔藓植物：在阴暗潮湿的地面和背阴的墙面上，常常密集地生长着许多矮小的植物，它们一般具有茎和叶。

蕨类植物：蕨类植物经常出现在公园和花卉市场，它们有大大的叶子，背面常常有许多褐色的斑块隆起，它们的茎大多藏在地下。野生的蕨类植物生活在森林和山野的潮湿环境中，植株比苔藓植物高大得多。

以上这3种植物都是不结种子的。

种子植物：由种子发育而成的植物叫作种子植物，我们平时吃的粮食、瓜果和蔬菜，大多是种子植物。

光合作用

　　植物通过光合作用来制造"食物"。落在植物叶片上的日光被叶绿素吸收，通过光合作用，来自日光的能量，与水和二氧化碳一同合成碳水化合物，这些养料随后被运输至植物的其他部位，提供植物生存和生长需要的能量。植物也从土壤中吸收它所需要的矿物质，与光合作用形成的养料一起建造它的细胞。光合作用产生的副产品是氧气，氧气被释放后进入大气。

植物的六大器官

　　叶子：植物的叶子大小迥异，叶子的主要部分是叶片，叶柄将叶片连接到植物茎上，叶片表面可以看到叶脉。植物的叶子中充满了叶绿素，在叶子表层之下有许多微小的洞，叫作气孔，它们将二氧化碳吸收进来，释放出氧气和水分，通过光合作用制造养料。

叶脉

茎：植物的茎能够起到支撑植物、输送水分和养分的作用。茎就像是家里的自来水管和人体里的血管一样，它们在植物体内运输物质，因此也叫作维管束。

根：植物的根有两大作用，一是使植物紧紧地固定在地面；二是吸收植物生长所需要的水分和矿物质等营养物质。此外，一些植物的根也负责储备养料。

果实与种子：受精完成后，子房继续发育，最终成为果实，子房里面的胚珠发育成种子，种子成长为植物的下一代。

呼吸作用

像动物一样，所有的植物也需要持续不断地呼吸。呼吸作用几乎与光合作用相反：氧气被吸入，二氧化碳被释放。白天，光合作用比呼吸作用发生得更快速，因此被吸入的二氧化碳比释放出来的多。到了夜间，光合作用停止工作，二氧化碳不再被吸入，植物通过呼吸作用释放出二氧化碳。

花：植物的花有各种形状、大小和颜色。一朵花是由花托、萼片、花瓣、花冠、雄蕊和雌蕊组成的。它们吸引昆虫，以便完成授粉并结出种子。

植物的繁殖

　　植物的繁殖方式包括种子繁殖、孢子繁殖和无性繁殖3种。

　　种子繁殖是指植物体经开花、结果，产生种子后进行繁殖的方式，进行种子繁殖的植物有被子植物和裸子植物。

　　孢子繁殖是指由植物体散发出的孢子进行繁殖。进行孢子繁殖的植物有藻类植物、蕨类植物等。

　　无性繁殖是指由植物体本身的某部分进行繁殖，它并不会产生孢子和种子。这类植物包括土豆、红薯等。

花蕊

花瓣

花萼

花柄

授粉的方式

将一朵花的花粉传播到另一朵花上，或者从同一朵花的雄蕊到雌蕊上，有多种不同的授粉方式。

风授粉：有的花粉很轻，可以直接被风吹到另一株植株的花里。

昆虫授粉：昆虫在采食花蜜的过程中，它的四肢及身体会在不经意间沾上花粉。当昆虫在花丛中飞来飞去时，也就把花粉从一朵花传到了另一朵花上。

鸟类授粉：蜂鸟把它们长长的喙伸进花中吸取花蜜，花药将花粉撒在蜂鸟头上。当蜂鸟到访另一朵花时，花粉就传递到那朵花的柱头上了。

哺乳动物授粉：有些植物分泌出大量的花蜜来吸引蜜貂这样的哺乳动物。当动物急切地用舌头舔食花粉时，花粉也会覆盖在它毛茸茸的头上，随着它的移动而被传播到另一株植株上。

27

种子的散播

  植物不能四处移动去寻找配偶或者更好的家园，因此它们进化出独特的繁殖方式。有的植物产生出与自己一样的小植株，在不远处成长；有的植物则需要远播它们的种子，让新的种苗不长在它们周围的土壤里，也就不会将它们自己需要的土壤里的精华抢走。这些植物借助风、水流或者动物，将自己的种子带到远处定居。

通过风传播

  梧桐树：梧桐树种子脱离外壳，随风飘散到一定距离之外后，落在地面。每一粒种子都有一个胚芽以及大而坚韧的"翅膀"帮助它们缓缓降落，有时候 2 ～ 3 粒梧桐树的种子连接在一起，像螺旋桨一样旋转而下。

  蒲公英：当一阵风吹来，蒲公英那像降落伞一样的羽毛状的冠毛飘散开来，使种子在空中飞行数里。

通过弹射传播

　　喷瓜：喷瓜成熟后，浆汁不断在果实内部对果皮产生强大的压力。当果柄脱落时，开口处立马喷出浆汁，连带着种子也一起喷出去。

　　罂粟：罂粟花的子房形成一个很大的果实，叫作蒴果。蒴果干燥后，微小的种子松散地留在内部，然后，它的顶端打开一个小洞，将种子撒出去，就像盐瓶撒盐一样。

 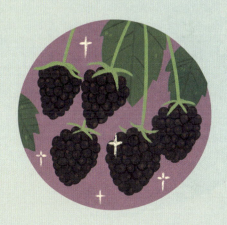

通过动物传播

　　榛子：有的动物会储存坚果过冬，有时候却忘记自己把坚果放在哪里了，于是藏在地下的坚果就在那里生长。

　　苍耳：苍耳的钩挂在恰好经过的动物皮毛上，而一些有刺的种子落在地面上，等待动物走过时，鱼钩状的刺紧紧钩住动物的足，这样动物就会把种子带到别的地方。

　　黑莓：每颗黑莓都由许多叫作核果的果实组成，包围着果实的厚实的子房充满糖分，味道甜甜的。一些动物将其作为食物食用，被动物吃下后，黑莓的种子通过动物排出体外的粪便进行传播。

　　一旦种子掉入土壤里，而且周围的环境适宜，它就会开始发芽生长。种子中储存了养料，在长出叶片之前就可以转化为能量，供种子利用。首先，种皮膨胀、裂开，长出微小的根来吸收水分。然后，种子长出一个小小的芽，里面包含了第一片叶子和茎。

动物世界大揭秘

第四章

各种环境中的动物

　　动物生活的环境和运动方式也是多种多样的，有的在陆地上生活，有的在水中生活，有的长时间在空中飞翔。

生活在水中的动物

　　鱼是最常见的水生动物，它们靠鳃呼吸，在水中不停游动来寻找食物和躲避天敌。除了鱼类之外，水中还生活着形态各异的水生动物。海葵、海蜇、珊瑚等动物结构简单，食物从口进入消化腔，残渣也从口排出体外，这种动物称为腔肠动物。海水和淡水中还生活着多种靠贝壳来保护身体的动物，它们被称为软体动物。还有虾类和蟹类，它们体表长有质地较硬的甲，因此叫作甲壳动物。此外，在水中生活的还有海豚、海豹、鲸等。

30

在空中飞行的动物

在空中飞行的动物包括鸟类和昆虫等。草原、灌丛、水面、树林，很多地方都能看到鸟的踪迹。除了鸵鸟、企鹅等少数鸟不会飞行之外，绝大多数鸟都善于飞行。昆虫的种类超过 100 万种，分布极为广泛。大多数昆虫拥有翅膀，能够飞行。

生活在陆地上的动物

与水中环境相比，陆地环境要复杂得多。陆地上的动物不受水的浮力作用，一般都具有支撑躯体的器官，它们可以在陆地上爬行、行走、跳跃、奔跑。除蚯蚓外，陆地生活的动物一般都具有各种呼吸器官，比如气管和肺。陆地上生活的动物还普遍具有发达的感觉器官和神经系统，能够对复杂多变的环境及时作出反应。

脊椎动物与无脊椎动物

　　世界上已知的动物大约有150万种，这些动物可以分成两大类：一类是脊椎动物，它们的体内有脊柱；一类是无脊椎动物，它们的体内没有脊柱，大约有97%的动物都是无脊椎动物。

脊椎动物大集合

刺猬

人类

哺乳动物

　　主要特征：胎生，直接生下小宝宝；会给新生的小宝宝喂奶；有毛发；属于温血动物，体温恒定。

　　哺乳动物是目前动物进化的最高级类群，从陆地到水中生活着形形色色的哺乳动物。除了鸭嘴兽和针鼹，绝大多数的哺乳动物都可以直接产下幼崽。有一些动物，比如袋鼠和考拉，它们的幼崽发育不完全，需要在母亲的育儿袋里生活一段时间，直到能独立生存。哺乳动物又分为肉食动物、植食动物及杂食动物。

狮子　　　　　　兔子　　　　　　袋鼠　　　　　　狗

鸟类

　　主要特征：产卵；身体覆盖羽毛；大多数会飞；属于体温恒定的温血动物。

　　鸟类全身长满羽毛，脚上覆盖着角质鳞片，脚趾上有爪。它们没有牙齿，有坚硬的角质喙。鸟类轻而坚固的骨骼非常适合飞行。所有的鸟类都有翅膀，但是有一些鸟不会飞，比如企鹅，它的翅膀变成了鳍状，更适合游泳。

企鹅　　　　　天鹅　　　　　鸵鸟　　　　　翠鸟　　　　鹦鹉

爬行动物

主要特征：产卵；有些直接产下宝宝；鳞片状皮肤；属于冷血动物，体温不恒定。

爬行动物是从两栖动物进化而来的，那时地球上的气候变得干燥炎热。爬行动物的卵外面包裹着革质外壳，可以在陆地上繁殖，因此拓宽了生存空间。由于爬行动物是体温不恒定的冷血动物，所以它们需要晒太阳，吸收阳光中的热量，让自己暖和起来。

鳄鱼 乌龟 蜥蜴 变色龙 眼镜蛇

两栖动物

主要特征：产卵；潮湿的皮肤；生命中某个阶段在水中度过；属于冷血动物，体温不恒定。

两栖动物都生活在淡水或咸水环境附近，它们的卵没有外壳，产在水里。比如，青蛙幼体又叫作蝌蚪，它们通过鳃呼吸，摆动长长的尾巴，从而在水中游动。当它发育成熟后，就会长出适合呼吸空气的肺，尾巴也消失了，从此它可以在陆地上生活。大多数两栖动物需要待在潮湿的环境中，从而保持皮肤的湿润。

蝾螈 蟾蜍 青蛙

鱼类

主要特征：产卵；有些直接产下宝宝；生活在水里；大多数是体温不恒定的冷血动物。

鱼类是第一种长出脊柱的动物。它生活在水中，通过头两侧的鳃来呼吸。鱼类的身体呈流线型，体表光滑或被鱼鳞覆盖，能在水中自由游动。鱼类通过尾部肌肉提供前进的动力，鱼鳍则起到控制方向的作用。

鲨鱼 比目鱼 神仙鱼 金鱼 海鳗

无脊椎动物大集合

如果将无脊椎动物进行细分的话，有超过 30 个类群，以下只是其中的一部分。

昆虫

主要特征： 6 条腿；有复眼；有坚硬的外骨骼；有些昆虫长翅膀 。

昆虫是种类最繁多的动物类群，有些昆虫的幼虫形态与成虫完全不同，比如蝴蝶，它们从毛毛虫经历化蛹过程，身体在蛹中重建。还有一些昆虫，比如蝗虫，它的幼虫和成虫差异不大，通过一次次蜕皮最终长大成熟。

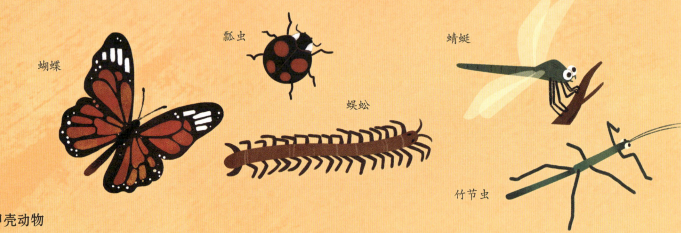

蝴蝶

瓢虫

蜈蚣

蜻蜓

竹节虫

甲壳动物

主要特征： 分节的腿；坚硬的外骨骼。

甲壳动物主要生活在水中，在陆地上也能发现一些甲壳动物。甲壳动物是昆虫的近亲，不过它们的身体分节没有那么明显，有些分节已经愈合在一起了，形成了一个整体，这样可以更好地保护眼睛和头部。螯虾和螃蟹长着威风凛凛的大钳子，用来防御。大多数甲壳动物吃其他动物的残骸或水中的有机碎屑。

螯虾

寄居蟹

招潮蟹

蛛形动物

主要特征：8 条腿；多会织网。

蛛形动物大多生活在陆地或淡水中，它们的身体分成两部分——头胸部和腹部。它们大多数是肉食动物，抓住猎物后，蛛形动物会向猎物体内注入消化液，待消化后将其吸食。

狼蛛　　蝎子　　蜘蛛

软体动物

主要特征：身体柔软；不分节；有些具有贝壳。

软体动物有神经系统和原始的大脑，身体形态多样，有些长着坚硬的贝壳，用于保护和支撑身体。许多软体动物口中长着微小的齿状结构，用于刮食岩石上的藻类，或者钻入其他软体动物的贝壳中吃掉猎物。

蛤蜊　　章鱼　　鱿鱼　　扇贝

腔肠动物

主要特征：身体柔软；喷出水流，推动身体前进。

腔肠动物只生活在水中，它们的身体靠水的浮力支撑。它们可以感受光线，但是没有真正的眼睛，靠嗅觉和触觉来侦察环境。有些腔肠动物触手上有刺细胞，可以分泌毒液。海葵和珊瑚靠触手捕获水中微小的食物碎屑为生。

红珊瑚　　水母　　海葵

动物的"伪装"

一些动物用自己的身体颜色来掩饰自己，使得捕食者很难发现自己，这种防卫叫作伪装。善于伪装的动物，有些看起来很像树叶，另一些像石头。它们身上的色彩也能起到警告敌人的作用，向对方发出危险的信号。

五彩缤纷的变色龙

变色龙能够改变自己体表的颜色，从而与周围的环境相配。变色龙的颜色变化由大脑和血液中的化学物质所掌控，十分迅速。它们根据情绪改变颜色，当一只变色龙生气时，皮肤中的一种叫作黑色素的褐色物质就会推向表面，这使变色龙的颜色变黑。而当一只变色龙情绪平稳时，它的皮肤就变成了绿色。

动物的致命武器

动物必须保护自己免遭攻击，它们以不同的方法来保护自己，或者捕食猎物。有些动物以锐利的牙齿、毒液或强壮的爪子作为武器，有一些动物则会使用特殊的防卫方式。

毒液：毒液是动物抵御外敌的防御武器之一，如蜘蛛会向猎物体内注入毒液。

电击：电鳐、电鳗拥有特殊的可产生电流的细胞，它们通常用这些细胞放出微弱电流来感受外界环境，也可以给对手造成致命的危险。

毒刺：毒刺是另一种注入毒液的武器。蝎子和一些昆虫的尾巴上通常长着这种毒刺，用来攻击敌人或者杀死猎物。一些腔肠动物也常利用有毒的触手去驱逐靠近自己的动物。

严寒酷暑环境中的动物

沙漠动物：骆驼生活在沙漠里，它们的身体可以适应炎热的白天和寒冷的夜晚。它们能应付沙漠中的风沙和长期缺水的情况，因此也被称为"沙漠之舟"。

有的骆驼有一个驼峰，有的则有两个驼峰。驼峰内装满脂肪，一旦在沙漠中缺少食物的补给，驼峰里的脂肪便会作为能量和水的来源。骆驼的长睫毛和大眼皮能保护眼睛免遭太阳和飞沙的侵害；鼻孔能够关闭，阻止沙子进入；蹼状脚趾及胼胝组织能使骆驼站在软沙上；坚硬的皮肤和脚上的毛可以防止它们被热沙灼伤，或被坚硬的岩石擦破。

北极动物：北极大部分时间都处于酷寒中，巨大的冰原是荒凉的不毛之地，只有极少的植物能够生长，很少有动物能够住在这里。在这里生存的动物经过长久的进化，才能够在冰冻的环境里存活。北极动物有大量的体内脂肪和厚厚的毛皮，帮助它们保持温暖。多数动物在漫长的冬天里迁徙或冬眠。北极熊在秋天长出一层厚厚的毛以阻止酷寒的侵入，白色的皮毛使得北极熊可以藏在雪中并悄悄靠近猎物。它的脚掌被毛发覆盖，这让它免遭极寒的侵害，并帮助它不会陷到雪里。

吃与被吃

　　每个生物都需要食物才能生存。食物为其提供能量，没有能量，生物将无法移动、生长，甚至无法呼吸。大多数生物都不能自己制造食物，必须以其他生物为食，这就是食物链的起点。

　　绿色植物可以自己制造养料，因此它是养料在一系列生物中传递的开端。植物是初级生产者，是食物链的第一个环节；第二个环节是植食动物，它们以植物为食，是初级消费者；下一个环节是以动物为食的肉食动物，大多数肉食动物捕猎植食动物或以它们的腐尸为食，这类动物叫作次级消费者；最后一个环节是终级消费者，它们位于食物链的顶端，既捕食植食动物，也吃其他肉食动物。

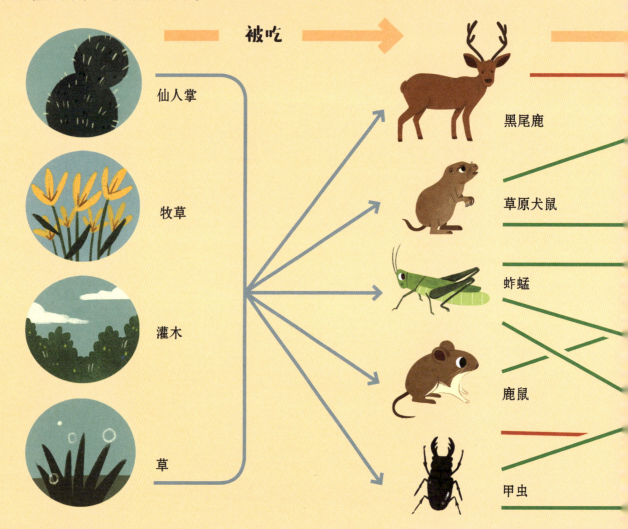

被吃

仙人掌

牧草

灌木

草

黑尾鹿

草原犬鼠

蚱蜢

鹿鼠

甲虫

能量金字塔

在食物链中，能量从一个物种传到下一个物种，每传递一次就有一些能量散失。比如，当兔子吃草后，草的一部分能量转化为兔子的肌肉和器官，另一部分则用来维持兔子身体的运转。当狼吃掉兔子的时候，其中的能量也只有一部分储存进狼的身体里。能量金字塔的塔底是植物，而在塔顶的是终级捕食者。供养一个捕食者需要许多植食动物，也需要更多的植物向这些植食动物供能。

被吃

黑足鼬

响尾蛇

野云雀

闭壳龟

狼

鹰

第五章

人体构成

人体必需的三大营养元素

植物与动物在生命过程中需要各种营养元素。绿色植物通过光合作用合成它们所需的营养元素；动物无法自行合成营养元素，而是通过食用植物或其他动物来获取营养素的。

糖、脂肪、蛋白质是人体中不可缺少的三大营养元素。

糖类由碳元素、氢元素和氧元素构成，是人体主要能量来源。脂肪由碳元素、氢元素和氧元素构成，脂肪能够分解成脂肪酸和甘油，同时也是动物身体的构成成分，人的生长发育以及受损细胞的修复和更新都离不开蛋白质。蛋白质由多个氨基酸分子结合而成，蛋白质是形成人体细胞原生质的主要成分，也被用作能量来源。

人体的消化过程

消化指的是将所摄取的食物分解成便于身体吸收的小分子的过程。淀粉分解成葡萄糖，蛋白质分解成氨基酸，脂肪分解成脂肪酸和甘油。

人体的消化器官是连接口腔到肛门的一条长长的管道，负责对通过的食物进行消化和吸收。

碳

氧

糖

氢

第二站：食管。吞咽时，咀嚼成小块的食物会顺着食管往下消，进入胃。

细细的食管，好像一截有弹性的食管。

第一站：嘴巴。食物进入嘴巴时，牙齿会将它们嚼碎。舌头一边搅拌，唾液腺一边分泌唾液让食物软化，然后咽下。

特又了灭，中间大，两头小，就像一个纺锤。所以吃饭的时候要细嚼慢咽。

第四站：小肠。 食物在长长的、弯弯曲曲的肠道里穿过，首先进入小肠。小肠里竖着无数根小绒毛，它们来回摆动，并且吸收食物里的营养物质，把食物中的水分分离出来。通往小肠的路上，来自胆囊的胆汁和来自胰脏的胰液会混进食糜里。小肠吸收营养物质，把它们运送到身体各个器官，保障人体生长和活动所需的营养和能量。如果把这些弯弯曲曲的肠道拉直，小肠差不多有8米长，相当于一只鲸的长度了。

第六站：直肠。 经过肠道的不停蠕动，这些便便来到肛门，最终排出体外。

第三站：胃。 食物在胃里被挤压、磨碎。胃可以分泌胃液，有助于食物变得更碎。然后这些乳膏状的食糜就会离开你的胃。连接食道和胃是贲门，在它的控制下，食物不能从胃里偷偷溜回去。不过食管里的食物，随时可以进到胃里来。

第五站：大肠。 从小肠出来后，食物残渣又被推入大肠里。大肠是一个环形的管道，吸收食物残渣里剩余的营养物质和水分，最后把食物残渣变成一团团的便便。

人体的感觉器官

人类生活在一个时刻变化着的复杂环境里。光线、气味、声音、味道、温度等要素的变化都能刺激人体。为了接收这些外部刺激，人类进化出了发达的感觉器官。

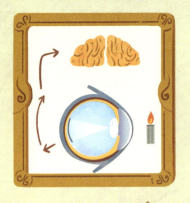

眼睛：人和动物的视觉器官，由眼球和其他附属器官组成。当光线投射在视网膜上，光线会被接收并转化为信号，通过视觉神经传送到脑部，我们就能看到东西了。

舌头：人体的味觉器官。舌头表面覆盖着乳头状的突起，味蕾就藏在其中。味蕾可以获得并反应酸、甜、苦、咸等味道。这4种基本的味道组合在一起，又会带给我们不同的感受。

鼻子：人体的嗅觉器官。鼻腔顶端有对气味敏感的特殊细胞——嗅细胞。空气中的气味分子刺激嗅细胞，神经信号传递给大脑，我们就能闻到气味了。

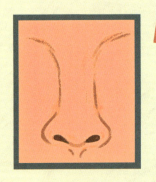

耳朵：人体的听觉器官，包括外耳、中耳、内耳3部分。声波到达鼓膜后，会使鼓膜振动。振动波经由鼓膜后面的3块小骨头传递到耳蜗，再通过听觉神经把信号传递给大脑，我们就能听到声音了。

人体的神经系统

　　神经系统能够将感觉器官接收到的刺激传递给大脑或脊髓，然后向各器官下达恰当的命令，来调节身体各部分的机能。

　　神经元又叫作神经细胞，是构成神经系统结构和功能的基本单位。

　　神经元细胞体：星星状细胞，由细胞核和细胞质构成，表面有许多凸起。

　　树突：数量多，长度短，与其他神经元相连接，人体受到的刺激将由树突传导至轴突。

　　轴突：将刺激传导至其他神经元或反应器。

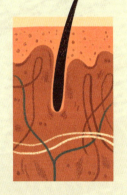

　　皮肤：我们的皮肤下面分布着敏感的神经末梢。当皮肤从物体表面划过，神经末梢就会向大脑发出信息，告诉大脑你碰到的物体是冷还是热，是硬还是软，是粗糙还是光滑。

人体指挥官——大脑

　　人类通过大脑去思考、学习、记忆和想象。大脑是人类所有行为的指挥官。

　　大脑：由左、右大脑半球组成，其中左脑半球控制身体的右侧，右脑半球控制着身体的左侧。

　　大脑的不同部位负责不同的技能。左脑负责动手能力和逻辑思维能力，右脑掌握着艺术能力和想象力。

　　小脑：位于大脑后下方，用于维持身体平衡、调节肌肉运动。

　　间脑：调节人体体温与物质代谢。

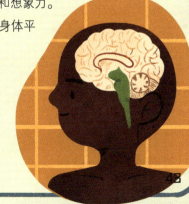

　　中脑：视觉与听觉的反射中枢。

　　延髓：有"生命中枢"之称，主要机能为调节内脏活动。

人体内的物流负责人——血液

血液中含有 45% 的血细胞，其中包含红细胞、白细胞和血小板 3 个种类。剩余 55% 则为液体成分的血浆。

红细胞：血细胞中数量最多的是红细胞。成熟的红细胞没有细胞核，富含血红蛋白，颜色鲜红。血红蛋白在氧含量高的地方容易与氧结合，在氧含量低的地方又容易与氧分离，这使得红细胞具有运输氧气的功能。

白细胞：白细胞有细胞核，比红细胞大，数量少。当病菌侵入人体体内时，白细胞能够穿过毛细血管壁，集中到病菌入侵部位，将病菌包围，吞噬。

血小板：血小板是最小的血细胞，形状不规则，没有细胞核。当人体受伤时，血液从破裂的血管中流出来，血小板会在伤口处聚集，帮助血液凝结。

血浆：血浆中 90% 的成分是水，血浆的主要作用是运载血细胞，运输维持人体生命活动所需的物质和人体内产生的废物。

Tips：血液循环

携带氧气的血液从肺部流向心脏，血液从心脏流出来的时候是鲜红色的，其中含有大量的氧气。心脏将血液运送到全身各个部位，在这个过程中，收集身体转化的能量，分配到各个器官，将氧气用掉。氧气被用掉后，血液再次流入心脏，这个时候的血液含有身体代谢的物质，含氧气少，因此呈暗红色。随后，血液再次流入肺中，获取更多的氧气，循环往复……

红细胞

血小板

人体的物流中心——心脏

人类的心脏位于胸腔内，由两个心房和两个心室构成。心脏是血液循环系统的中心泵，血液由心脏驱动，在身体各个部位间循环往复地流动，为我们的身体提供维持生命运转所必需的营养物质。

左心房和右心房：心脏内部靠上的两个空腔，它们负责把血液压入心室。

左心室和右心室：心脏内部靠下的两个空腔，它们要把血液压送出去，左心室把血液输送至全身，右心室把血液输送至肺部。

瓣膜：位于心房与心室之间，防止血液倒流。

Tips: 测心率

人们可以通过脉搏来测量心率。将两根手指横放在手腕上，在动脉接近于皮肤表面的地方，能够感受到脉搏。通过计算一分钟中脉搏跳动的次数，就能得到心脏跳动的次数。

白细胞

右

左

卵子：女性通常一个月会排出一个或几个卵子，卵子从卵巢中被释放至输卵管，那里是受精发生的地方。一旦一个精子突破外壁穿透卵子，其他精子就不能进入卵子了。

精子：精子细胞是在睾丸里制造出来的，它看上去像蝌蚪。男性的睾丸每天能制造上亿个精子，精子的尾巴可以帮助它游动。如果一个精子成功地穿透了卵子，就会与卵子结合，形成受精卵。

新生命的诞生

男人和女人的生殖系统里分别有"睾丸"和"卵巢"这两个生殖腺，它们几乎不参与血液循环、呼吸、消化等日常工作，但是它们担负着更为重要的使命，那就是产生制造新生命的生殖细胞，孕育新的生命。

受精与胎儿的成长：精子和卵子结合形成一个受精卵，受精卵由输卵管输送到子宫腔内，在腔内寻找合适的位置，最终固定下来，在子宫腔内生长发育，形成全新的组织，拥有全新的功能。其中，皮肤细胞向外移动变成皮肤，肺细胞、肝细胞等向内移动变成新的器官。

当身体的器官逐渐形成，并具备相应的功能后，就成为一个成熟的胎儿，即将来到这个世界。

神秘的遗传和进化

第六章

长相相似的一家人

仔细观察你的父母和兄弟，他们除了脸型、眼睛大小、手指长短、皮肤颜色以及个头高矮这些用肉眼就能看见的部分相似外，嗓音、性格等许多方面也颇为相近。这是为什么呢？

生物所具有的多种模样被称作"性状"，而将这样的性状遗传给子孙后代的现象就是"遗传"。也就是说，因为父母的特性通过遗传传给了子女，所以一家人才会出现一些共同的特点。

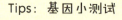

Tips：基因小测试

你能不能将舌头卷成 U 形？

你的小拇指尖能不能弯向紧邻的手指？

你的耳垂是否能自然下垂？

当你微笑时，脸上是否有酒窝？

你能不能将拇指向后弯曲超过 90°？

你有没有雀斑？

你的鼻子是否上翘？

通过这个小测试，看看你从爸妈那里继承了什么。

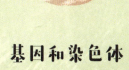

孟德尔豌豆试验

　　奥地利生物学家孟德尔通过长达 8 年的豌豆试验，发现了遗传的规律。

　　孟德尔首先从许多种子商那里找来了 34 个品种的豌豆，从中选择了 7 对相对性状进行研究，包括种子的形状、种子的颜色、种皮的颜色、豆荚的形状、豆荚的颜色、花的位置和茎的高矮。通过人工控制的授粉杂交，研究相对性状的遗传规律。最终，他发现相对性状中存在着显性遗传和隐性遗传的原理。隐性的遗传因子在从亲代到后代的传递中，可以不表现，但却是稳定的，并没有消失。

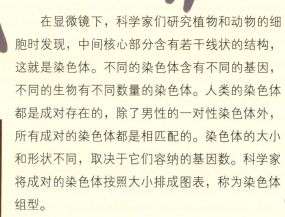

基因和染色体

　　生物体的各种性状都是由基因控制的，性状的遗传实质上是亲代通过生殖过程把基因传递给子代。精子和卵细胞就是基因在亲子间传递的"桥梁"。那么成千上万的基因是如何通过这座"小桥"的呢？

　　基因在细胞里并非一盘散沙，它们大多有规律地集中在细胞核内的染色体上，而且每一种生物细胞内染色体的形态和数目都是一定的。

　　在显微镜下，科学家们研究植物和动物的细胞时发现，中间核心部分含有若干线状的结构，这就是染色体。不同的染色体含有不同的基因，不同的生物有不同数量的染色体。人类的染色体都是成对存在的，除了男性的一对性染色体外，所有成对的染色体都是相匹配的。染色体的大小和形状不同，取决于它们容纳的基因数。科学家将成对的染色体按照大小排成图表，称为染色体组型。

　　生物的每一个体细胞包含着相同数目的染色体。当细胞分裂产生新细胞时，细胞传递它们的染色体。每条染色体复制一个一模一样的自己，然后分裂形成新的细胞。

物种的进化

世界上存在着多种生命，原因就在于进化。进化是生物在千百万年间逐渐发生改变的过程。基因会经复制传递到子代，基因突变可使性状改变，这些适应环境的改变成功传给了后代，使得后代与祖先完全不同，一个新的物种就产生了。

象鼻的演变

大象的长鼻子就是上唇和鼻子的延伸。在数万年间的进化中，大象祖先的门牙越来越长，形成了长而弯曲的象牙，因而象鼻也跟着延长，使得大象能自如地取食。

拉马克进化学说

历史上第一个提出比较完整的进化学说的人是法国博物学家拉马克。他通过大量的观察，提出地球上所有的生物都是由更古老的生物进化而来的。生物各种适应性特征的形成都遵循"用进废退"规律。器官用得越多越发达，而不经常使用的器官就会逐渐退化。比如，食蚁兽由于长期舔食蚂蚁，所以舌头变得又细又长。

始祖象

嵌齿象

达尔文的自然选择学说

　　英国博物学家达尔文在 5 年的航海旅程中，观察和研究了多种生物。他通过大量的观察和思考，综合他的研究成果，发表了《物种起源》，阐述了自己对物种进化原因的理解。他认为地球上的各种生物普遍具有较强的繁殖能力，生物个体数量的过度繁殖会引起为争夺食物和栖息地的生存斗争。每个个体间普遍存在着形质的差异，具有有利变异的个体，生存并留下后代的机会多。这个过程如果逐渐积累，那么个体形质变化累积起来，便可能形成与原来不同的新物种，这就是"自然选择学说"。

大象

猛犸